THIS BOOK BELONGS TO

_____

_____

_____

_____

_____

_____

_____

_____

_____

_____

_____

_____

_____

_____

_____

_____

_____

_____

_____

_____

_____

_____

_____

_____

_____

I AM MAGICAL

I AM STRONG

I AM BEAUTIFUL

_____

_____
_____
_____
_____
_____
_____
_____
_____
_____
_____
_____
_____
_____
_____
_____
_____
_____
_____
_____
_____
_____
_____

I AM SMART

I AM KIND

I AM MAGICAL

I AM STRONG

_____

I AM BEAUTIFUL

I AM SMART

_____

_____
_____
_____
_____
_____
_____
_____
_____
_____
_____
_____
_____
_____
_____
_____
_____
_____
_____
_____
_____
_____
_____
_____
_____

I AM KIND

_____

_____

_____

_____

_____

_____

_____

_____

_____

_____

_____

_____

_____

_____

_____

_____

_____

_____

_____

_____

_____

_____

_____

I AM MAGICAL

_____

_____

_____

_____

_____

_____

_____

_____

_____

_____

_____

_____

_____

_____

_____

_____

_____

_____

_____

_____

_____

_____

_____

_____

_____

_____

I AM STRONG

_____

_____

_____

_____

_____

_____

_____

_____

_____

_____

_____

_____

_____

_____

_____

_____

_____

_____

_____

_____

_____

_____

_____

I AM BEAUTIFUL

_____

_____

_____

_____

_____

_____

_____

_____

_____

_____

_____

_____

_____

_____

_____

_____

_____

_____

_____

_____

_____

_____

_____

_____

I AM SMART

_____

I AM KIND

I AM MAGICAL

I AM STRONG

I AM BEAUTIFUL

_____

_____

_____

_____

_____

_____

_____

_____

_____

_____

_____

_____

_____

_____

_____

_____

_____

_____

_____

_____

_____

_____

_____

_____

_____

I AM SMART

_____

I AM KIND

I AM MAGICAL

_____

_____

_____

_____

_____

_____

_____

_____

_____

_____

_____

_____

_____

_____

_____

_____

_____

_____

_____

_____

_____

_____

_____

I AM STRONG

I AM BEAUTIFUL

_____

_____

_____

_____

_____

_____

_____

_____

_____

_____

_____

_____

_____

_____

_____

_____

_____

_____

_____

_____

_____

_____

I AM SMART

I AM KIND

I AM MAGICAL

_____

I AM STRONG

I AM BEAUTIFUL

I AM SMART

_____

_____

_____

_____

_____

_____

_____

_____

_____

_____

_____

_____

_____

_____

_____

_____

_____

_____

_____

_____

_____

_____

_____

_____

_____

_____

I AM KIND

I AM MAGICAL

_____

I AM BEAUTIFUL

I AM SMART

I AM KIND

I AM MAGICAL

I AM STRONG

_____

_____
_____
_____
_____
_____
_____
_____
_____
_____
_____
_____
_____
_____
_____
_____
_____
_____
_____
_____
_____
_____
_____
_____

I AM BEAUTIFUL

I AM SMART

I AM KIND

I AM MAGICAL

_____

I AM STRONG

_____

I AM BEAUTIFUL

I AM SMART

I AM KIND

_____

I AM MAGICAL

_____

_____
_____
_____
_____
_____
_____
_____
_____
_____
_____
_____
_____
_____
_____
_____
_____
_____
_____
_____
_____
_____
_____

I AM STRONG

_____

I AM BEAUTIFUL

_____

_____

_____

_____

_____

_____

_____

_____

_____

_____

_____

_____

_____

_____

_____

_____

_____

_____

_____

_____

_____

_____

_____

I AM SMART

I AM KIND

_____

I AM MAGICAL

_____

_____

_____

_____

_____

_____

_____

_____

_____

_____

_____

_____

_____

_____

_____

_____

_____

_____

_____

_____

_____

_____

_____

_____

I AM STRONG

_____

_____
_____
_____
_____
_____
_____
_____
_____
_____
_____
_____
_____
_____
_____
_____
_____
_____
_____
_____
_____
_____
_____
_____

I AM BEAUTIFUL

I AM SMART

_____

_____

_____

_____

_____

_____

_____

_____

_____

_____

_____

_____

_____

_____

_____

_____

_____

_____

_____

_____

_____

I AM KIND

I AM MAGICAL

I AM STRONG

Made in the USA
Middletown, DE
28 April 2023

29593601R00064